ESQUISSE

D'ORGANISATION ADMINISTRATIVE ET MILITAIRE

DES POSSESSIONS FRANÇAISES

DANS LE NORD DE L'AFRIQUE,

PAR

UN OFFICIER-GÉNÉRAL.

Extrait du Spectateur militaire.

PARIS,

IMPRIMERIE DE BOURGOGNE ET MARTINET,

RUE DU COLOMBIER, 30.

AVRIL 1837.

ESQUISSE

D'ORGANISATION ADMINISTRATIVE ET MILITAIRE

DES POSSESSIONS FRANÇAISES

DANS LE NORD DE L'AFRIQUE (1).

CHAPITRE PREMIER.

ORGANISATION ADMINISTRATIVE.

SECTION PREMIÈRE.

DE L'ADMINISTRATION GÉNÉRALE.

1° *Réunion à la France et division du territoire.*

Nos possessions dans le nord de l'Afrique seront réunies au territoire français par une loi. Les habitants de ces pays seront régis par des lois particulières, jusqu'à ce qu'on puisse, sans inconvénient, les faire jouir, comme le restant des Français, de tous les avantages du régime constitutionnel.

Ces possessions formeront une *division territoriale* qui sera partagée en *subdivisions militaires*. Chaque subdivision se composera de districts (*outhans*); chaque district, de cantons (*archs*); chaque canton, de commu-

---

(1) Un officier-général qui a eu un commandement important en Afrique nous communique un mémoire sur l'organisation civile et militaire de ce pays. Nous croyons faire une chose agréable à nos lecteurs en l'insérant dans notre recueil. C'est pour être plus clair et plus court que l'auteur s'est servi du style d'ordonnance.

nes (*djémáas, dechéras* ou *douars*). Les villes, chefs-lieux des subdivisions et leurs banlieues, seront toujours considérées comme des districts. La ville d'Alger et sa banlieue (*el-fhas*) auront une organisation particulière. Cette exception pourra être étendue aux autres chefs-lieux de subdivision.

2° *Formes d'administration générale.*

La division de l'Afrique boréale sera régie par un gouverneur-général, par un intendant civil, et par un conseil supérieur ; chaque subdivision sera administrée par un commandant militaire, par un sous-intendant civil, et par un conseil d'administration ; chaque district, par un *kaïd*, par un *cheikh-el-kébir* et par un *divan*. Les villes où nous tenons garnison, ainsi que celles qui sont ou seront entièrement soumises au gouvernement français, seront administrées par des commissaires du roi, des *cheikhs-el-béled*, et des conseils municipaux.

3° *Du gouverneur-général.*

Le commandement général et l'administration supérieure de la division territoriale d'Afrique seront confiés au gouverneur-général. Ses fonctions et ses rapports, soit avec le ministre du roi dans le département duquel l'Afrique se trouve placée, soit avec les chefs des différents services, militaire, administratif et judiciaire, mis sous ses ordres ou sous sa direction, seront définis par une ordonnance du roi, discutée au conseil d'État, dans la forme des règlements d'administration publique, et insérée au Bulletin des lois.

4° *Du conseil supérieur.*

Ce conseil sera établi à Alger; il sera présidé par le gouverneur-général, et se composera de l'officier-général commandant les troupes de la *réserve*, dont il sera fait mention ci-après, de l'officier-général commandant la marine, de l'intendant civil, du procureur-général du roi, chef de la justice, de l'intendant militaire de la division, et du directeur des finances. Tous ces fonctionnaires seront nommés par le roi. Un secrétaire-général, nommé aussi par le roi, sera attaché à ce conseil.

Les attributions, ainsi que la forme des délibérations du conseil supérieur, seront déterminées par un règlement d'administration publique inséré au Bulletin des lois.

5° *Du commandant des troupes de la réserve.*

Cet officier-général présidera le conseil supérieur en l'absence du gouverneur-général. Il aura le commandement particulier des troupes composant, à Alger, la *division de réserve*, dont il sera question dans le 2ᵉ chapitre; il aura en outre l'*inspection ordinaire* des corps de troupes qui composeront les garnisons habituelles des places et camps dans les subdivisions,

6° *De l'intendant civil.*

L'intendant civil sera chargé, sous la direction du gouverneur-général, et dans les limites de ses attributions, de l'administration civile du territoire de la division d'Afrique; mais ses actes ne seront exécutoires qu'avec l'assentiment du conseil supérieur et l'approbation expresse du gouverneur-général : il remplira en outre les fonctions de sous-intendant civil de la subdivision d'Alger.

7° De l'officier-général commandant la marine.

Cet officier-général commandera, sous l'autorité supérieure du gouverneur-général, les forces de mer stationnées dans la division.

8° Du chef de la justice.

L'autorité du procureur-général du roi s'étendra sur la totalité de la division; mais il ne pourra ordonner ou autoriser, ni exécutions de peine capitale, ni descentes dans les lieux consacrés au culte mahométan, ni violation du domicile d'un Musulman, sans la participation du conseil supérieur, et l'autorisation par écrit du gouverneur-général.

9° De l'intendant militaire.

Les attributions de ce fonctionnaire sont déterminées par les règlements militaires en vigueur. Le gouverneur-général exercera à son égard l'autorité attribuée aux généraux commandant en chef les corps d'armée en campagne.

10° Du directeur des finances.

Cet agent supérieur de l'administration financière sera sous la direction de l'intendant civil; mais ses actes les plus importants et d'un effet général devront être soumis au conseil supérieur, et, au besoin, approuvés par le gouverneur-général, avant d'être exécutés.

11.º *Du secrétaire-général.*

Ce fonctionnaire sera tenu de transmettre, à des époques fixes, au ministre compétent, extrait certifié par lui, et visé par le gouverneur-général, du registre des délibérations du conseil supérieur, et cela sans préjudice des rapports d'urgence que les chefs de divers services pourront demander au gouverneur-général d'adresser extraordinairement au ministre sur les affaires *réservées*, qui exigeraient une prompte solution.

Le secrétaire-général contresignera tous les actes du conseil supérieur, et en délivrera, *gratis*, des extraits certifiés par lui aux parties intéressées, qui seront fondées de les réclamer.

SECTION DEUXIÈME.

DE L'ADMINISTRATION DANS LES SUBDIVISIONS.

1º *Du commandant de la subdivision.*

Chaque subdivision militaire sera commandée par un maréchal-de-camp ou par un colonel. Les troupes composant les garnisons habituelles des places, camps et postes retranchés, compris dans la subdivision, seront directement sous ses ordres. Les commandants des bâtiments de l'État en station ordinaire dans les ports et rades de la subdivision devront déférer à ses prescriptions pour tout ce qui ne se rapporte pas exclusivement aux règles de la navigation, ou aux détails intérieurs du service de la marine. Les commandants de subdivision feront au gouverneur-général des rapports périodiques sur toutes les parties du service qui leur est confié, et devront, en outre, lui rendre compte extraordinairement de tout ce qui pourrait intéresser, soit la conservation et la discipline des troupes, soit le maintien de la tranquillité dans les outhans, ou la marche générale des affaires dans leurs subdivisions respectives.

2° *Des conseils d'administration subdivisionnaires.*

Ce conseil résidera au chef - lieu de la subdivision. Il se composera : du commandant de la subdivision, président ; du sous - intendant civil de la subdivision, du substitut du procureur-général près le tribunal de première instance, du sous-intendant militaire chargé du service administratif des troupes dans la subdivision, du commandant du port, s'il y en a un, et de l'agent principal de l'administration financière dans la subdivision. Ce dernier remplira, en outre, les fonctions de secrétaire du conseil d'administration. Une ordonnance du roi statuera sur les attributions de ces conseils d'administration subdivisionnaires, sur la forme de leurs délibérations, ainsi que sur leurs rapports avec le conseil-supérieur résidant à Alger. Le conseil supérieur remplira les fonctions de conseil d'administration de la subdivision d'Alger. Les fonctionnaires qui composent les conseils d'administration des subdivisions seront tous à la nomination du roi.

3° *Des sous-intendants civils.*

Dans chaque chef-lieu de subdivision, Alger excepté, il y aura un sous-intendant civil, placé sous l'autorité immédiate de l'intendant civil. Les actes de ce fonctionnaire, autres que ceux qui ne seraient que simplement exécutoires d'ordres émanés des autorités supérieures résidant à Alger, ne seront valables qu'après avoir été délibérés en conseil d'administration, et revêtus de l'approbation du commandant de la subdivision. Les rapports du sous-intendant civil avec le commandant de la subdivision, avec le substitut du procureur du roi, avec les *kaïds* des outhans et avec les commissaires du roi près des administrations municipales des villes, seront définis par une ordonnance du roi.

4° *Des substituts du procureur-général.*

Ces magistrats ne pourront prescrire ni descentes dans les lieux consacrés au culte mahométan, ni violation du domicile d'un Musulman, sans la participation du conseil d'administration et l'autorisation expresse du commandant de la subdivision, à moins que ce ne soit par suite d'ordres du procureur-général, approuvés par le gouverneur-général.

5° *Du sous-intendant militaire.*

Ses fonctions sont déterminées par les règlements en vigueur dans l'armée; mais le commandant de la subdivision exercera à son égard l'autorité que ces règlements attribuent, en temps de guerre, aux commandants des corps de troupes détachés.

6° *Du commandant du port.*

Il dirigera le service de la marine et les mouvements du port, sous l'autorité supérieure de l'officier-général commandant la marine à Alger; mais il sera tenu de faire au commandant de la subdivision des rapports sur tous les événements importants qui surviendraient dans l'exécution du service qui lui est confié, et il devra déférer sans délai aux prescriptions d'urgence que lui adresserait par écrit le commandant de la subdivision.

7° *De l'agent principal des administrations financières.*

Les rapports de cet agent avec le commandant de la subdivision, le conseil d'administration et le sous-intendant civil, seront les mêmes que ceux du directeur des finances, résidant à Alger, avec le gouverneur-général, le conseil supérieur et l'intendant civil.

SECTION TROISIÈME.

DE L'ADMINISTRATION DANS LES DISTRICTS.

1° *Division du territoire composant les subdivisions.*

Il n'y aura plus ni provinces, ni *béyliks* dans la division territoriale du nord de l'Afrique. Chacune de ses subdivisions militaires sera partagée en *outhans* (districts). Le territoire habité par une grande tribu, s'il est assez étendu, assez peuplé et assez productif pour suffire, par ses propres ressources, aux frais indispensables d'adminisiration locale et de police de sûreté, constituera un outhan ; autrement, deux ou plusieurs arrondissements occupés par de petites tribus, vivant habituellement en bonne intelligence, seront réunis pour former un district d'une importance suffisante.

2° *Administration des districts.*

Chaque outhan sera administré par un *kaïd*, par un *cadi*, par un *cheikh-el-kébir* (grand-cheikh), par des *cheikhs-el-achour* (cheikhs collecteurs de la dîme), par des *cheïkhs-el-arch* (cheikhs de canton), par des *cheikhs*

particuliers de communes et par un *divan-el-outhan*
(conseil de district.)

3° *Des kaïds.*

Les kaïds réuniront l'autorité civile et militaire dans
toute l'étendue de leurs outhans respectifs. Ils ne pourront toutefois, ni s'immiscer dans la distribution de la
justice civile, ni infliger arbitrairement et de leur seule
autorité aucune punition corporelle ou amende, ni
régler ou lever, sans le concours des divans-el-outhan,
les impôts ordinaires. Les kaïds seront nommés par le
gouverneur-général, sur la présentation de l'intendant
civil et la demande des habitants de l'outhan. Le gouverneur-général pourra refuser d'obtempérer aux demandes des divans-el-outhan qui lui paraîtront évi-
demment contraires aux intérêts de la France ou nui-
sibles au maintien de la paix et de la tranquillité dans
l'outhan ; mais en ce cas, le divan-el-outhan sera in-
vité à faire une nouvelle désignation. — Le kaïd aura le
droit de requérir auprès du divan-el-outhan sursis d'exécution de tout acte administratif qui blesserait la justice
et l'équité, ou serait contraire aux ordres émanés des
autorités supérieures, dont il est chargé de poursuivre
l'exécution. Il rendra immédiatement compte de son
opposition au sous-intendant civil de la subdivision,
lequel, après en avoir référé au conseil d'administration, fera connaître au kaïd la décision de l'autorité
supérieure, à laquelle celui-ci devra se conformer, sous
peine de révocation.

Le kaïd aura immédiatement sous ses ordres un *kiaïa*
(lieutenant), qui commandera la force armée de l'outhan, dont il sera parlé dans le deuxième chapitre.

Les kaïds recevront un traitement annuel, qui sera prélevé sur les produits de l'*achour* (dîme) de leurs outhans respectifs. Ce traitement sera fixé par arrêté du gouverneur-général, délibéré en conseil supérieur. Tous les ans au moins , les kaïds des outhans seront tenus de se présenter personnellement au conseil d'administration pour rendre compte de leur administration.

Les kaïds seront révocables, soit pour des motifs directs de mécontentement, soit sur les plaintes fondées des habitants, par la même autorité qui les aura nommés.

4° *Des cadis dans les outhans.*

La justice civile sera administrée, dans chaque district, par un *cadi* (juge). Ses jugements en matière civile pourront être déférés au cadi du chef-lieu de la subdivision, ou même au *midjelés* (conseil de justice) d'Alger. Le cadi du chef-lieu de la subdivision, qui connaîtra en appel d'un jugement civil rendu par un cadi d'outhan, s'adjoindra les deux assesseurs musulmans siégeant près le tribunal de première instance de la subdivision. Ces assesseurs auront, en ce cas, voix délibérative.

La justice criminelle sera exercée dans chaque outhan par un tribunal composé du cadi, du cheikh-el-kébir de l'outhan, des cheikhs ou du cheikh-el-arch des cantons ou du canton, et des cheikhs ou du cheikh particulier de la commune ou des communes où résident les délinquants ou le délinquant. Ce tribunal, ainsi composé, pourra infliger, sans appel, les peines corporelles autres que la peine de mort, et les amendes que prononcent les lois du pays ; mais, dans aucun cas, il ne pourra faire priver de la vie un individu quelconque sans le concours du procureur-général du roi et l'approbation du gouverneur-général. Le kaïd sera chargé de veiller à la stricte exécution de cette disposition.

Chaque cadi aura auprès de lui et à sa disposition deux ou quatre *chaous* (appariteurs de justice). Le cadi et ses chaous recevront, sur les fonds de l'achour de l'outhan, un traitement fixe, qui sera déterminé, pour chaque outhan, par un arrêté du gouverneur-général, délibéré en conseil supérieur. Mais il leur sera interdit, sous peine de révocation, de recevoir des plaideurs aucun don ou gratification, sous quelque prétexte que ce puisse être.

Les cadis seront nommés par le gouverneur-général sur la présentation du procureur-général du roi, et la demande des cadis de subdivision, corroborée de l'avis favorable du midjelés d'Alger. Ils seront révocables par la même autorité qui les aura nommés. Les chaous seront choisis par le cadi, mais ils devront être agréés par le kaïd.

5° Des cheikhs.

Chaque *djémâa*, *douar* ou *deschera* (commune) aura son *cheikh particulier*. Plusieurs *haouchs* (fermes), groupes isolés de *gourbis* (hameaux), ou petites agglomérations de *hymas* (tentes), seront réunis pour former une commune d'une importance suffisante. Le cheikh particulier de chaque commune sera élu par les chefs de famille résidant dans la commune, agréés par le kaïd de l'outhan, et confirmé par l'intendant civil de la division.

Plusieurs communes adjacentes formeront un *arch* (canton). Les cheiks particuliers des communes comprises dans l'arch, réunis à un nombre déterminé de chefs de famille les plus considérés et les plus imposés de chaque commune comprise dans l'arch, désigneront parmi les cheikhs particuliers celui qui leur paraîtra le plus propre à remplir, dans le canton, les fonctions de *cheikh-el-arch.* Il sera définitivement nommé par le gouverneur-général, sur le rapport du kaïd et la présentation du sous-intendant de la subdivision. Les cheikhs-el-arch conserveront les fonctions de cheikh particulier dans leur commune.

Les cheikhs-el-arch, et les cheikhs particuliers, réunis à un nombre déterminé de notables de l'outhan, choisis parmi les principaux chefs de famille qui habitent les archs, désigneront celui des cheiks-el-arch qu'ils croiront le plus capable d'exercer, dans l'outhan, l'autorité de *cheikh-el-kébir.* Ce fonctionnaire, qui conservera en outre ses fonctions de cheikh particulier de sa commune, sera nommé par le gouverneur-général, sur le rapport du sous-intendant civil de la subdivision dont l'outhan fait partie, et la présentation de l'intendant civil.

Tous ces cheikhs seront révocables par l'autorité qui les aura nommés, soit sur la demande directe de l'intendant civil, soit sur les plaintes fondées des habitants de l'outhan. Ils recevront tous un traitement annuel qui sera pris sur les fonds de la caisse particulière de l'outhan, et fixé par le gouverneur-général, séant en conseil supérieur.

Les cheikhs préviendront les hostilités entre les tribus, les querelles entre les communes, et les violences entre les individus des familles. Ils surveilleront les mauvais sujets, et traduiront les délinquants au tribunal du cadi. Ils seront tenus, sous peine de révocation, d'informer le kaïd de tout symptôme de désordre qui se manifesterait dans l'étendue de leur commune, canton ou district. Ils auront, au besoin, la faculté de requérir, auprès du kaïd, l'appui de la force armée pour faire respecter leur autorité et maintenir la paix dans le pays.

6° *Des conseils de district.*

Le cheikh-el-kébir, les cheikhs-el-arch, et les cheikhs particuliers des communes, ainsi que deux des principaux notables choisis dans chaque canton (arch), composeront le *divan-el-outhan* (conseil de district). Le kaïd présidera ce conseil, auquel assistera le cadi, pour donner son avis sur la légalité des mesures qui y seraient proposées.

Il y aura auprès de chaque divan-el-outhan un *codja* (écrivain), qui sera chargé de la tenue des registres et de la régularité des écritures. Cet employé sera nommé par le divan, et recevra sur les fonds de l'outhan un traitement fixe déterminé par ce conseil.

Un *khaznédor* (trésorier), choisi parmi les cheikhs-el-arch, et nommé également par le divan, sera chargé, en outre de ses fonctions ordinaires de cheikh-el-arch et de cheikh particulier, de la garde de la caisse et des magasins de l'outhan, sous la surveillance du kaïd et du cheikh-el-kébir. Il recevra, sur les fonds de l'outhan, un supplément de traitement, en raison de ces fonctions particulières.

Deux ou trois *cheikhs-el-achour* (collecteurs de la dîme) seront pris également par le divan parmi les cheikhs-el-arch ou les cheikhs particuliers des communes, et conserveront leurs fonctions ordinaires. Le *khaznédor* ne pourra, dans aucun cas, être en même temps cheikh-el-achour. Les cheikhs-el-achour seront chargés, chacun dans l'arrondissement de perception qui lui sera assigné, du recouvrement de l'achour, ainsi que de la rentrée des droits de marché (*bazar*) et du montant des amendes, qu'ils verseront dans la caisse ou dans les magasins de l'outhan. Ils recevront, en outre de leur traitement ordinaire comme cheikhs, une gratification proportionnée à leurs recouvrements et fixée par le divan.

Le divan de chaque outhan réglera toutes les années la quotité de l'impôt (achour) que chaque arch doit payer, en argent ou en nature. Le cheikh-el-arch, assisté des cheikhs des communes du canton, du cheikh-el-achour de l'arrondissement de perception, et de deux notables par commune, assignera à chacune de ces communes le contingent qu'elle devra payer. Le cheikh de la commune ainsi imposée, assisté de quatre, six ou huit chefs de famille, répartira cet impôt entre les tentes ou familles.

Ces états de répartition seront remis par le kaïd aux cheiks-el-achour, qui en opéreront le recouvrement. A cet effet, ils auront la faculté de requérir au besoin, auprès du kaïd, l'assistance de la force armée de l'outhan.

Les denrées déposées par les cheikhs-el-achour dans les magasins de l'outhan seront vendues par le cheikh-el-kébir, assisté de deux ou de quatre adjoints désignés par le divan. Les produits de ces ventes seront versés dans la caisse de l'outhan.

Cette caisse, en outre des produits de l'achour, s'alimentera conséquemment des fonds provenant des amendes infligées par le tribunal du cadi, et du montant des droits qu'on est dans l'usage d'exiger dans le pays sur les denrées et les marchandises exposées en vente dans les *bazars* (marchés publics) de l'outhan.

Il sera d'abord prélevé sur les fonds de cette caisse, 1° le montant des traitements fixes assignés aux fonctionnaires publics de l'outhan ; 2° les appointements mensuels du Kiaïa et la solde journalière des cavaliers et des fantassins composant la force armée de l'outhan. Le surplus sera exclusivement appliqué aux frais du culte mahométan, au soulagement des infirmes et des pauvres, à l'éducation des enfants, et subsidiairement à des travaux d'utilité publique, tels que ouverture et réparation de chemins, construction ou entretien de ponts, érection et conservation des fontaines publiques, et autres dépenses de cette nature.

Dans les outhans où les marchés produiront des droits considérables, une partie des fonds provenant de cette source sera consacrée à l'érection de marabouts ou mosquées sur le lieu même où se tient le marché ; à la construction de hangars (*caravansraïs*) où les denrées et les marchandises pourront être gardées et mises à l'abri du mauvais temps, et à l'établissement de fontaines publiques. Ces travaux seront encouragés par le gouverneur-général, qui s'attachera même à les faciliter par des allocations de fonds supplémentaires.

SECTION QUATRIÈME.

DE L'ADMINISTRATION DANS LES VILLES.

1° *Des commandants de place.*

Les commandants des places autres qu'Alger ou les chefs-lieux de subdivision jouissant d'une organisation particulière, auront l'autorité de suspendre la mise à exécution de toute délibération des administrations municipales des villes où ils résident qui porterait création de nouvelles taxes sur les denrées de première nécessité, ainsi que de toute décision des commissaires du roi qui prescrirait de nouvelles dispositions de police de sûreté, lesquelles doivent toujours être soumises à leur approbation. Le commandant de place qui aura jugé nécessaire d'exercer ainsi son droit d'opposition en référera sur-le-champ au commandant de la subdivision, qui en décidera ou en rendra compte au gouverneur-général, dont il fera connaître les ordres au commandant de la place qui aura réclamé. La force publique, composée d'indigènes, ainsi que la gendarmerie régulière, s'il y en a dans la ville, seront sous l'inspection du commandant de la place.

2° Des municipalités et des conseils-municipaux.

La municipalité de chaque ville, celles d'Alger et des autres chefs-lieux de subdivision qui auront une organisation particulière exceptées, sera composée d'un *cheïkh-el-béled* (chef de la ville), de quatre, six ou huit *adjoints*, selon l'importance de la ville, d'un *commissaire du roi* et d'un *codja*.

Quatre, six ou huit notables seront adjoints à la municipalité pour composer le *conseil-municipal*. Seront notables d'une ville, tous les chefs de famille y domiciliés qui réuniront les conditions requises. Ces conditions seront déterminées par un arrêté du gouverneur-général, délibéré en conseil supérieur. Les notables qui feront partie des conseils municipaux seront choisis par l'assemblée générale des notables de la ville. Les municipalités et les conseils municipaux seront présidés par le cheikh-el-béled.

Les attributions des municipalités et des conseils

municipaux seront définies par une ordonnance royale, de manière que la gestion des revenus de la ville leur soit confiée, sous la surveillance immédiate des commissaires du roi, et l'autorité supérieure de l'intendant et des sous-intendants civils.

Il y aura, près de chaque municipalité, une caisse particulière dans laquelle seront versés tous les fonds et tous les revenus appartenant à la ville, ou confiés à la gestion des conseils municipaux. Cette caisse, en outre des produits des impôts ordinaires, des droits d'octroi, de ceux de vente sur les marchés publics, etc., recevra les fonds provenant des amendes infligées par le tribunal du *cadi* particulier de la ville, dont il sera question ci-après.

On prélévera d'abord sur les fonds de cette caisse : 1° le montant des traitements assignés aux fonctionnaires publics de la ville ; 2° la solde mensuelle des indigènes armés, tant à cheval qu'à pied, composant la force publique de la ville. Le surplus des revenus particuliers de la ville sera appliqué aux frais du culte mahométan, au traitement des malades dans les hospices de la ville, au soulagement des infirmes et des pauvres, à l'éducation des enfants et à des travaux d'utilité publique.

3° *Des commissaires du roi.*

Un commissaire du roi, nommé par le gouverneur-général, sur la proposition de l'intendant-civil, résidera auprès de chaque municipalité. Il sera chargé de veiller à l'exécution des lois, et à celle des ordres émanés des autorités supérieures. Ce commissaire correspondra directement avec l'intendant ou avec le sous-intendant civil, selon que la ville où il réside fera partie de la subdivision

2

d'Alger ou d'une autre subdivision. Aucune des délibérations de la municipalité dont il fera partie ne sera
valable qu'après avoir été revêtue du *visa* du commissaire du roi. Il pourra, en conséquence, réclamer auprès du commandant de la place, ou exiger directement sursis d'exécution de tout acte de l'administration municipale qui lui paraîtrait illégal, injuste ou
nuisible, jusqu'à décision de l'autorité subdivision-
naire compétente, à laquelle il sera tenu d'en référer
dans le délai de trois jours au plus tard.

Le commissaire du roi sera, en outre, chargé directement de la police ordinaire du lieu de sa résidence.
A cet effet, il pourra disposer de la force armée indigène de la ville ; mais il ne pourra la faire sortir de la
ville sans la participation du commandant de la place.
Il aura aussi la faculté de réclamer, au besoin, auprès
de ce dernier, l'appui de la gendarmerie régulière ou
des troupes de la garnison.

Si la ville a une banlieue, et que cette banlieue ne
jouisse pas d'une organisation particulière, le commissaire du roi y exercera les fonctions attribuées aux kaïds
dans les outhans.

Le commissaire du roi recevra, sur les fonds de la
commune, un traitement annuel qui sera fixé par le
gouverneur-général séant en conseil supérieur.

Tout commissaire du roi pourra être révoqué par
l'autorité qui l'aura nommé, soit de son propre mou-
vement, soit sur le rapport de l'intendant civil

4° Du cheikh-el-béled.

Les *cheiks-el-béled* des villes seront nommés par le
gouverneur-général, sur la présentation de l'intendant-
civil et la désignation des notables de la ville. Ils seront

révocables par la même autorité qui les aura nommés.
Ils présideront les conseils municipaux et y rempli-
ront les fonctions que les cheikhs-el-kébir remplissent
dans les outhans. Ces fonctionnaires jouiront, sur les
fonds de la ville, d'un traitement fixe, qui sera déterminé
par le gouverneur-général en conseil supérieur.

5° *Des adjoints*.

Les *adjoints* seront nommés par l'intendant civil sur
la proposition du sous-intendant de la subdivision et
la désignation des notables de la ville. Cette nomination sera soumise à l'approbation du gouverneur-
général. Les adjoints seront révocables de la même
manière. Ils jouiront d'une indemnité prise sur les
fonds municipaux, et fixée par l'intendant civil avec
l'approbation du gouverneur-général.

Chacun de ces adjoints sera, par délibération du
conseil municipal, chargé spécialement d'une partie de
la gestion des affaires de la ville, sous la direction du
cheikh-el-béled, la surveillance du commissaire du roi
et l'autorité du conseil municipal. L'un de ces adjoints,
assisté d'un ou deux notables du conseil municipal,
aura l'inspection des fontaines et des bâtiments publics. Celui qui sera chargé de la garde particulière de
la caisse municipale, sera aussi assisté d'un notable, et
recevra, en outre de l'indemnité ordinaire, une gratification extraordinaire, qui sera fixée par le conseil municipal. Il en sera de même de l'adjoint qui sera préposé au
recouvrement des revenus de la ville et du produit des
amendes, qu'il versera sans le moindre délai, et directement, dans la caisse municipale. Cette caisse sera vé-
rifiée, au moins tous les trimestres, par le commissaire du roi, assisté du cheikh-el-béled et de quatre
notables, dont deux tirés au sort parmi ceux qui font

partie du conseil municipal, et deux autres pris en
dehors de ce conseil et à tour de rôle, d'après l'ordre de leur inscription sur la liste générale des notables de la ville.

6° *Du codja.*

Il y aura, auprès de chaque municipalité, un *codja*
(écrivain) nommé par le conseil municipal. Cet employé sera chargé de la tenue des registres et de la régularité des écritures du conseil municipal; il dépendra immédiatement du cheikh-el-béled, et recevra, sur
les fonds municipaux, un traitement mensuel, qui sera
fixé par le conseil municipal.

7° *Des hakems.*

Dans les villes où il n'y aura pas de garnison, les
fonctions de commissaire du roi et de kaïd seront remplies par un *hakem* (commandant), nommé par le gouverneur-général sur la présentation de l'intendant-civil, et la demande des chefs de famille domiciliés dans
la ville et dans sa banlieue, si elle en a une. Le gouverneur-général pourra révoquer les hakems de la même
manière. Ce fonctionnaire jouira, sur les revenus ordinaires de la ville, d'un traitement annuel qui sera
fixé par le gouverneur-général en conseil supérieur.

8° *Des cadis dans les villes.*

Les procès civils entre musulmans seront jugés dans
chaque ville, autre qu'Alger et les chefs-lieux de subdivision, par un cadi. Ses jugements seront attaquables
devant le cadi du chef-lieu de la subdivision et devant
le midjelés d'Alger, ainsi qu'il a été dit dans le 4° §
de la 3° section de ce chapitre.

La justice criminelle sera administrée, dans chaque
ville, par un tribunal composé du cadi, du cheikh-el-

béled de la ville et d'un notable. Si le délinquant appartenait à une commune de la banlieue, le notable serait remplacé par le cheikh particulier du village où le prévenu aura son domicile habituel. Ce tribunal aura la même juridiction que ceux des outhans.

Les commissaires du roi ou les hakems exerceront auprès des tribunaux des cadis des villes la même surveillance dont les kaïds sont chargés dans les outhans.

Le cadi d'une ville et ses deux *chaous* recevront un traitement fixe, sur les fonds de la ville, mais il leur sera défendu, comme à ceux des outhans, d'accepter aucun don des plaideurs.

Les cadis des villes seront nommés par le gouverneur-général d'après les mêmes formalités indiquées pour la nomination des cadis dans les outhans.

SECTION CINQUIÈME.

DES DIVANS DE SUBDIVISION.

1° *Des oukils résidant aux chefs-lieux des subdivisions.*

Chaque divan d'outhan et chaque conseil municipal de ville nommera et entretiendra à ses frais, à Alger, ou au chef-lieu de la subdivision, un *oukil* (délégué). Ces oukils formeront le *divan de subdivision*, qui sera présidé par l'intendant ou par le sous-intendant civil. Néanmoins le gouverneur-général, et les commandants des subdivisions, autres que celle d'Alger, auront la faculté de présider ces divans toutes les fois qu'ils le jugeront convenable. Dans ce cas, l'intendant ou le sous-intendant y remplira les fonctions de rapporteur. Toutes les demandes, toutes les plaintes des

divans des districts et des conseils municipaux des
villes, seront examinées par ces divans de subdivision.
Les rapports des kaïds, des commissaires du roi et
des hakems, relatifs à l'administration financière et
à la police ordinaire du pays, seront communiqués
à ces divans de subdivision. Leurs réclamations et
les vœux qu'ils émettront seront portés, par l'intendant civil, pardevant le gouverneur-général séant en
conseil supérieur. Le gouverneur-général ne sera pas
astreint à se conformer toujours à l'avis du conseil supérieur; mais alors, le gouverneur-général en infor-
mera, sans délai, le ministre compétent, auquel il
adressera, en même temps, extrait authentique de la
délibération du conseil supérieur.

Ces oukils seront toujours pris parmi les indigènes
musulmans.

2° *Des députés envoyés en France.*

Chaque divan de subdivision pourra entretenir aux
frais du pays, soit à Paris, soit à Marseille, un ou
deux *députés*, qui seront désignés par le libre suffrage
des oukils composant ces divans.

Ces députés auront mission de faire valoir officielle-
ment auprès des ministres du roi les plaintes, les réclamations, les demandes et les vœux des habitants de
la subdivision.

Ils seront toujours choisis parmi les naturels du pays
professant la religion mahométane.

3° *Des commissaires spéciaux.*

Sans préjudice des tournées ordinaires d'inspection,
il sera, tous les deux ans au moins, envoyé dans la division territoriale d'Afrique des commissaires spéciaux,

soit civils, soit militaires, nommés par le roi. Ils auront mission de reconnaître ce qui se passe dans le
pays, de signaler les abus à réprimer, et de faire au
gouvernement des rapports particuliers sur la situa-
tion des esprits et sur la marche des différentes parties
du service public; de proposer enfin les améliorations
dont elles leur paraîtraient susceptibles.

Ces rapports spéciaux seront lus et examinés en
conseil des ministres.

CHAPITRE II.

ORGANISATION MILITAIRE.

SECTION PREMIÈRE.

DES OFFICIERS SANS TROUPES.

1° *Des officiers-généraux et des commandants de subdivision.*

Le gouverneur-général aura immédiatement sous
ses ordres un officier-général, commandant les troupes
de la *réserve*, et autant de maréchaux-de-camp ou de
colonels qu'il y aura de subdivisions militaires.

Les fonctions de ces chefs militaires sont déterminées par les règlements en vigueur dans l'armée; mais
le commandant de la réserve, outre le commandement particulier des troupes qui la composent, aura
l'inspection habituelle des troupes stationnées dans les
subdivisions, et, au besoin, remplacera *par interim* le
gouverneur-général dans toutes ses attributions, soit
administratives, soit militaires.

2° *Des officiers du corps d'état-major.*

Un colonel remplira, à Alger, les fonctions de chef

d'état-major de la division territoriale du nord de l'Afrique.

Un chef d'escadron, deux capitaines et un lieutenant lui seront adjoints pour les détails du service dont il est chargé.

Un capitaine et un lieutenant seront spécialement chargés du service topographique en Afrique.

Un capitaine d'état-major sera détaché tant à la *réserve* que dans chacune des subdivisions militaires, pour y être chargé des détails du service de l'état-major. Ces officiers correspondront directement avec le colonel, chef d'état-major, pour tout ce qui concerne leur service particulier.

Les officiers-généraux auront auprès d'eux le nombre d'aides-de-camp et d'officiers d'ordonnance prescrit par les règlements en vigueur, concernant le service en campagne.

Il pourra néanmoins être détaché auprès de chaque colonel, commandant une subdivision, un lieutenant d'état-major pour lui servir d'aide-de-camp.

3° *Des commandants de place.*

Il n'y aura de commandants de place de 1re ou de 2e classe qu'à Alger et dans les autres places de guerre où il y aura une garnison habituelle de plus de quatre compagnies. Les autres places, de moindre importance, et les forts principaux, tels que ceux de l'Empereur, de Mers-el-Kébir, d'Arzew, etc., n'auront que des commandants de 3e classe.

Toutefois, les grands postes retranchés et les forts de nouvelle construction, comme le Méchouar, Harchgoone, Guelma, etc., pourront former exception.

Les petits forts de la côte, les batteries fermées, les

redoutes isolées défendues par des réduits, et les tours armées seront commandées par les chefs des détachements qui y tiendront garnison. Les gardes de l'artillerie ou du génie seront chargés de la conservation du matériel de casernement renfermé dans ces petits forts, redoutes, etc.

Deux officiers du grade de capitaine et un lieutenant seront attachés à l'état-major de la place d'Alger. L'un d'eux y remplira les fonctions d'archiviste. Les autres places, commandées par des officiers - supérieurs, n'auront qu'un seul adjudant.

Il y aura dans chaque place de guerre le nombre nécessaire de portiers-consignes. L'un des portiers-consignes des places de 3ᵉ classe y remplira les fonctions d'adjudant et d'archiviste.

Dans les petits forts, redoutes à réduit, etc., les gardes de l'artillerie ou ceux du génie, au choix du gouverneur-général, seront chargés de ce service.

4° *Des états-majors de l'artillerie et du génie.*

Le personnel des états-majors de ces deux armes sera réglé d'après l'avis des comités consultatifs de l'artillerie et du génie.

5° *De l'intendance militaire.*

Un intendant militaire sera chargé du service de l'administration militaire dans toute l'étendue de la division territoriale du nord de l'Afrique. Il aura immédiatement sous ses ordres sept ou huit sous-intendants et adjoints, qui seront, d'après les ordres du gouverneur-général, répartis soit à la *réserve*, soit dans les subdivisions militaires.

Le personnel des agents de l'administration militaire,

les comptables et les ouvriers qui en dépendent, y seront réduits à ce qu'il sera reconnu strictement nécessaire pour l'exécution de ce service.

SECTION DEUXIÈME.

DE LA DIVISION DE RÉSERVE.

La division de réserve se composera du nombre de régiments d'infanterie de ligne ou légère que le gouvernement voudra entretenir en Afrique.

Ces troupes seront soigneusement acclimatées, casernées à Alger et dans les forts qui en dépendent, ou campées convenablement dans des emplacements défensifs et salubres, choisis à portée de cette ville.

Elles jouiront de la solde et des prestations allouées aux troupes en campagne. Les officiers des corps de la réserve recevront aussi les vivres de campagne et un supplément d'appointements fixé par le ministre de la guerre.

Comme ce serait principalement pour former les troupes de ligne à un bon service de guerre qu'on enverrait successivement en Afrique un nombre déterminé de corps d'infanterie, les dépenses qu'occasionnerait leur entretien sur le pied de guerre ne seraient point imputées sur le budget particulier de la division territoriale du nord de l'Afrique.

Le service que les troupes de la réserve feraient dans ce pays leur serait compté comme service de guerre dans les colonies, depuis le jour de leur embarquement en France, jusqu'à celui de leur rentrée en libre pratique en Europe.

Les régiments composant la réserve ne seraient habituellement employés qu'à des opérations importantes et d'ensemble, soit dans la subdivision d'Alger, soit dans les autres subdivisions. Ces régiments seraient, au besoin, réunis en brigades, sous le commandement du plus ancien colonel de chaque brigade. Dans ce cas, le colonel commandant une brigade recevrait, pendant la durée des opérations de guerre, une indemnité déterminée, et un supplément de vivres et de fourrages. Il en serait de même des officiers qui rempliraient auprès d'eux les fonctions d'aides-de-camp, et qui seraient pris, de préférence, parmi les officiers du corps d'état-major détachés dans les corps de troupes.

SECTION TROISIÈME.

DES TROUPES STATIONNÉES DANS LES SUBDIVISIONS.

Les troupes stationnées habituellement dans les subdivisions militaires se composeront : de *la force publique des villes*, de *la force armée des outhans*, de *régiments spéciaux d'infanterie*, et de *régiments spéciaux de cavalerie*.

1° *De la force publique dans les villes.*

Dans les villes, autres qu'Alger et les chefs-lieux de subdivision jouissant d'une organisation particulière, les hommes valides, âgés de vingt ans à quarante-cinq, qui réuniront les qualités requises, figureront sur le contrôle général de la force publique de la ville. Ces conditions seront déterminées par arrêté du gouverneur-général, délibéré en conseil supérieur. Ne pourront, dans aucun cas, faire partie de la force publique d'une ville, les étrangers qui n'auraient pas obtenu du gouverneur-général l'autorisation de s'établir dans le pays et d'y jouir des droits civils.

La force publique de chaque ville sera divisée en trois classes : *sédentaire*, *mobile* et *soldée*. Feront partie de la première classe tous les chefs de famille qui n'auront pas demandé à passer dans la seconde. Celle-ci se composera de tous les célibataires, des veufs sans enfants, et des hommes mariés qui n'en auraient pas encore. On prendra dans cette seconde classe les hommes armés de la troisième ; mais pour être admis dans celle-ci, les postulants devront avoir été présentés par le conseil municipal, agréés par le commissaire du roi ou le hakem, et acceptés définitivement par le commandant de la subdivision.

La force publique soldée d'une ville sera commandée, sous l'autorité du commandant de la place ou du hakem, par un chef qui portera le titre de *lieutenant de police* ou de *kiaïa*. Il sera nommé par le gouverneur-général, sur la proposition du commissaire du roi ou du hakem, et l'agrément du commandant de la subdivision. Ce kiaïa se montera, s'équipera et s'armera à ses frais. Son traitement sera fixé par le gouverneur-général, et prélevé tous les mois sur les fonds de la caisse municipale.

Les cavaliers et les fantassins qui composeront cette force publique seront tenus aussi de se monter et de s'équiper à leurs frais ; mais, en cas de nécessité, ils pourront être armés aux frais du gouvernement ; en ce cas, ils seront responsables de la conservation et de l'entretien des armes qu'on leur aura confiées. Ils recevront également, sur les fonds municipaux, une solde journalière qui sera fixée par arrêté du gouverneur-général délibéré en conseil supérieur, et qui leur sera payée toutes les quinzaines.

Cette solde journalière ordinaire sera augmentée

d'une indemnité extraordinaire suffisante, fournie par le gouvernement, soit en argent, soit en vivres et fourrages, toutes les fois que la force publique soldée d'une ville sera appelée, par le commandant de la subdivision, à occuper des postes fixes ou retranchés en dehors de l'enceinte de la ville, ou à marcher hors de sa banlieue à une expédition militaire. Il en sera de même des hommes armés de la seconde classe, dans le cas où, par ordre du gouverneur-général, ils seraient convoqués pour une grande expédition. Ces suppléments extraordinaires en argent ou en nature seront fixés par arrêté du gouverneur-général, séant en conseil supérieur. Les chefs de famille compris dans la première classe ne pourront, dans aucun cas, être astreints à se déplacer; mais ils seront requis au besoin, par le commandant de la place ou le hakem, de concourir au maintien du bon ordre et de la tranquillité dans la ville.

Un arrêté du gouverneur-général motivé sur une délibération du conseil municipal, discutée et approuvée par le conseil d'administration, fixera le contingent ordinaire que la force publique soldée de chaque ville devra fournir toutes les fois que le commandant de la subdivision l'appellera à concourir à quelque expédition militaire; mais les hommes armés, tant à pied qu'à cheval, qui composeront ce contingent, ne seront tenus de marcher hors du territoire de la subdivision dont la ville fait partie que sur leur demande librement formée devant le conseil municipal. Ces contingents seront toujours proportionnés à la population et à la richesse des villes.

Les hommes armés de ce contingent qui négligeront de répondre à l'appel du commandant de la subdivision, publié dans chaque ville par le commandant de

la place ou le hakem, seront punis d'une amende
fixée par arrêté du gouverneur-général, et infligée par
le tribunal du cadi. Ceux qui refuseraient ouvertement
d'obéir à cet appel seront, en outre, rayés définitivement du contrôle de la force publique et, conséquemment, désarmés.

Les munitions de guerre que les hommes armés de
ces contingents consommeront dans le cours de chaque
expédition leur seront fournies par les arsenaux de
l'État. Les chevaux que les cavaliers perdraient dans
les combats leur seront payés par le gouvernement,
au prix fixé par un tarif publié d'avance par ordre du
gouverneur-général.

Les hommes qui seraient grièvement blessés dans
ces combats seront traités dans les hôpitaux militaires
ou dans les hospices des villes, si mieux ils n'aimaient
recevoir chez eux , jusqu'à guérison , la moitié de
l'indemnité de guerre qui leur est assignée en campagne. La femme et les enfants de l'homme armé qui pé-
rirait sur le champ de bataille, ou qui resterait définitivement estropié, seront exempts, pendant dix ans au
moins, de tout impôt ; et si l'homme tué ou estropié
était pauvre, sa femme et ses enfants seront inscrits,
pour le même espace de temps, sur la liste de ceux qui
auront droit, de préférence, à un secours public sur
les fonds de la ville. Quant à l'homme estropié, il joui-
rait sa vie durant de la moitié de sa solde ordinaire.

2° *De la force armée dans les outhans.*

Chaque cheikh particulier dressera la liste nomina-
tive des hommes valides de sa commune qui, par leur
bonne conduite, leur fortune et leur constitution phy-
sique, lui paraîtront susceptibles de faire partie de la

force armée. Le divan de district examinera, réduira ou étendra ces listes particulières pour en former le contrôle de *la force armée de l'outhan*, en ayant soin de désigner sur ce contrôle les individus qui seront en état de servir à cheval.

Ceux de ces derniers qui consentiront à se monter, à s'armer et à s'équiper à leurs frais, constitueront la *portion mobile* de la force armée de l'outhan. Ils recevront sur la caisse du district, pour l'entretien de leurs armes et de leurs chevaux, une indemnité journalière, qui sera fixée par délibération du divan-el-outhan, approuvée par le conseil d'administration de la subdivision, et sanctionnée par arrêté du gouverneur-général séant en conseil supérieur. La *portion mobile* de la force armée des outhans sera proportionnée à la population, à l'étendue et à la richesse de chaque outhan.

Le kaïd sera autorisé, par délibération préalable du divan de district, à prendre, à tour de rôle, parmi les cavaliers de la force mobile de l'outhan, un nombre déterminé d'hommes bien montés et bien armés dans chaque *arch* ou canton, pour en former la *force armée soldée* de l'outhan. Ces cavaliers recevront pour chaque journée de présence, en outre de l'indemnité ordinaire d'entretien d'armes et de chevaux, un supplément, qui sera fixé par le divan-el-outhan. Ils seront réunis sous les ordres du kiaïa, et resteront, pendant le temps déterminé de leur service, à la disposition du kaïd. Les autres cavaliers de la force armée mobile de l'outhan continueront à résider dans leurs communes, et seront à la disposition des cheikhs particuliers pour le service de la police ordinaire.

Le *kiaïa* de chaque outhan sera nommé par le gouverneur-général, sur la proposition du kaïd et l'agré-

ment du commandant de la subdivision. Ce kiaïa devra
se monter, s'armer et s'équiper convenablement à ses
frais. Son traitement ordinaire sera fixé par le gouverneur-général, et sera prélevé sur les fonds particuliers
de l'outhan. Toutes les fois qu'un kiaïa recevra ordre
de sortir de l'arrondissement de son outhan pour
marcher, avec les cavaliers de son district, à une
expédition, il recevra sur les fonds du gouvernement
une indemnité, en numéraire ou en vivres et fourrages, qui sera fixée par arrêté du gouverneur-général,
délibéré en conseil supérieur.

Chaque outhan sera tenu de fournir un *contingent*
de cavaliers bien montés, bien armés et bien équipés,
toutes les fois que le commandant de la subdivision
ordonnera au kaïd de les réunir pour une expédition.
Ces contingents d'outhans seront fixés par arrêté du
gouverneur-général, délibéré en conseil supérieur, et
motivé sur une délibération spéciale des divans de
district, approuvée par le conseil d'administration de
la subdivision. Les cavaliers composant ces contingents recevront sur les fonds de l'État, pendant la
durée de chaque expédition, un supplément extraordinaire en argent ou en nature, par journée de présence. Ce supplément sera fixé par le gouverneur-général ; mais ces contingents ne seront jamais astreints
à marcher hors des limites de la subdivision dont
leurs outhans respectifs font partie.

Lorsque plusieurs contingents d'outhan seront réunis pour une expédition importante, ils seront com-
mandés par le *kaïd* que le gouverneur-général aura
désigné sur la proposition du commandant de la
subdivision. En ce cas, ce kaïd recevra, sur les fonds
de la caisse française, une indemnité supplémentaire

en numéraire ou en vivres et fourrages, déterminée par le gouverneur-général. Les kiaïas des outhans seront alors sous les ordres immédiats de ce kaïd.

Les hommes compris sur le contrôle de la force armée d'un outhan qui, s'étant convenablement armés à leurs frais, consentiront à faire un service à pied, soit dans les camps retranchés, soit dans les positions isolées, ou dans les expéditions, recevront une solde journalière qui sera fixée par le gouverneur-général, en conseil supérieur, et payée sur les fonds du gouvernement.

Les dispositions du paragraphe précédent, relatives aux retardataires et aux récalcitrants, à la fourniture des munitions de guerre, au paiement des chevaux perdus dans les combats, aux hommes blessés et aux familles de ceux qui resteraient sur le champ de bataille, seront applicables à la force armée mobile des onthans.

3° *Des régiments spéciaux d'infanterie.*

Dans chaque subdivision militaire de la division territoriale d'Afrique, il sera formé un régiment d'infanterie légère ayant une organisation spéciale. Chacun de ces *régiments spéciaux d'Afrique* sera composé d'un état-major, et de trois, quatre, ou même cinq bataillons, selon que pourraient l'exiger les besoins du service ordinaire dans les places, forts, camps retranchés et postes détachés de la subdivision.

Chaque bataillon sera composé d'une compagnie de carabiniers, de six compagnies de chasseurs, d'une compagnie de flanqueurs, armés de carabines rayées, d'une compagnie de voltigeurs et d'un cadre de compagnie de dépôt qui restera en Europe. Deux *compa-*

gnies franches seront en outre attachées à chaque bataillon.

Les cadres des compagnies de carabiniers, de voltigeurs, de flanqueurs et de chasseurs, seront constitués comme dans les régiments de la ligne; ceux des compagnies franches pourront varier selon les besoins. Tous ces cadres, à l'exception de ceux des compagnies franches, seront composés de Français ou de naturalisés Fançais. Toutefois, un tiers des sergents et la moitié des caporaux de ces compagnies pourront être pris parmi les étrangers nés en Europe qui auront obtenu du gouverneur-général l'autorisation de s'établir dans le pays et d'y jouir des droits civils. Les cadres des compagnies franches pourront être composés d'indigènes; mais le capitaine et les sous-officiers comptables ou écrivains seront toujours Français ou naturalisés Français.

L'effectif, en simples soldats, de chacune des compagnies de carabiniers, de chasseurs, de flanqueurs et de voltigeurs, pourra varier selon les besoins du service; mais, dans aucun cas, il ne sera moindre de 90 hommes. Cet effectif se composera de Français et d'étrangers nés en Europe. L'effectif, en sous-officiers, caporaux et soldats, des compagnies franches, variera selon les circonstances. Il sera *exclusivement* composé d'indigènes et de Français ou naturalisés Français.

Il sera attaché à chaque régiment d'infanterie d'Afrique une *subdivision* de sapeurs-pionniers et une *brigade* de bêtes de sommes.

Les régiments spéciaux d'infanterie d'Afrique se recruteront par engagement volontaire. On n'admettra dans ces corps que des Français ou des étrangers européens qui auront préalablement contracté l'engagement de servir, pendant *quatre ans effectifs* au moins, dans les pays composant la division territoriale du nord de l'Afrique. Les inspecteurs-généraux et les officiers-généraux, commandant les divisions militaires en France, prononceront sur l'admission dans ces corps des militaires en activité de service, ou en congé temporaire dans leurs foyers, et des autres postulants, dans des formes analogues à celles prescrites pour l'admission dans nos régiments coloniaux. Dans aucun cas, il ne pourra être envoyé dans les régiments spéciaux d'Afrique des officiers, sous-officiers, caporaux ou soldats, pour cause de mécontentement ou par punition.

Les indigènes seront admis à servir dans les compagnies franches sur leur demande, la proposition des commandants de place, des kaïds ou des hakems et l'agrément des commandants de subdivision.

Le régime intérieur, l'habillement, l'équipement et l'armement des régiments d'Afrique pourront, plus ou moins, s'écarter des prescriptions des règlements en vigueur dans la ligne. Ces dérogations seront déterminées par des décisions du ministre de la guerre, approuvées par le roi, et provoquées par des rapports et propositions du gouverneur-général.

Tout indigène qui s'engagera volontairement dans les compagnies franches, et qui se sera pourvu d'armes à ses frais, sera exempté de tout impôt, dans la ville ou l'outhan de son domicile, pendant toute la durée de son service de présence dans une de ces compagnies. S'il est marié, sa femme et ses enfants jouiront de la même exemption. Celui de ces indigènes qui aura servi pendant trois ans *consécutifs* dans une compagnie franche, jouira, durant un égal espace de temps, après l'expiration de son service triennal, de la même exemption pour sa personne, et pour sa femme et ses enfants, s'il en a.

Il pourra être accordé toutes les années, et à tour de rôle, des congés de trois ou quatie mois au tiers ou au quart de l'effectif en sous-officiers, caporaux et soldats, aux indigènes servant dans ces compagnies, s'ils en font la demande; mais durant leur absence par congé, ils ne recevront que l'indemnité ordinaire affectée à l'entretien de leurs armes particulières, laquelle leur sera payée chez eux, et sur les fonds de la ville ou de l'outhan où ils résident, à la diligence du commissaire du roi, du kaïd ou de l'hakem.

Les sous-officiers, caporaux et soldats, tant Français qu'étrangers, qui auront accompli leurs quatre années de service effectif en Afrique, obtiendront, s'ils demandent à s'établir dans le pays, des concessions de terres, qui seront affranchies de tout impôt foncier durant un nombre d'années égal à celui de leur service de présence sous les drapeaux en Afrique. L'importance de ces concessions sera proportionnée au grade des militaires qui voudront s'établir dans le pays. Si, au lieu de s'adonner à l'agriculture, ils optaient pour un autre genre d'industrie, ils obtiendront, au lieu de concessions de terres, l'exemption du paiement des droits de patente durant le même nombre d'années.

Il sera accordé aux militaires des corps stationnés en Afrique quelques avantages pécuniaires supérieurs à ceux des tarifs ordinaires de l'armée.

Les officiers supérieurs et les capitaines de ces corps, qui seront nés ou naturalisés Français, rouleront avec ceux des régiments stationnés en Europe, pour l'avancement à l'ancienneté, dans leur arme. Les officiers de régiments d'Afrique pourront en outre obtenir de l'avancement au choix, soit pour des *actions constatées de guerre*, soit après un temps déterminé, mais moindre que celui fixé par la loi sur l'avancement, *de service effectif dans le grade inférieur en Afrique.*

4° *Des régiments spéciaux de cavalerie.*

Il y aura également, dans chaque subdivision, un *régiment spécial de cavalerie légère d'Afrique.* Chacun de ces régiments se composera d'un état-major, et de quatre, six ou huit escadrons de chasseurs à cheval, selon les besoins du service de cette arme dans la subdivision. Deux ou trois escadrons de *spahis* seront en outre attachés à chaque régiment.

Ces régiments se monteront dans le pays. Ils auront un armement, un habillement, un équipement et un harnachement particuliers.

Les cadres des escadrons des chasseurs à cheval d'Afrique seront constitués comme ceux des chasseurs à cheval de la ligne. Ceux des escadrons de spahis pourront varier selon les circonstances. Les cadres des escadrons de chasseurs seront composés de Français nés ou naturalisés. Toutefois le quart des simples maréchaux-des-logis et le tiers des brigadiers pourront être composés d'étrangers, nés en Europe, qui auront obtenu l'autorisation de s'établir en Afrique et d'y jouir des droits civils. Les cadres des escadrons de spahis pourront être composés d'indigènes; mais les commandants d'escadron, les capitaines en second, les maréchaux-des-logis-chefs et les fourriers devront être Français.

L'effectif, en simples cavaliers, des escadrons de chasseurs, pourra varier selon les circonstances ; mais il ne sera jamais fixé au-dessous de cent vingt chevaux de troupe. L'effectif des escadrons de spahis sera variable. Il se composera *exclusivement* d'indigènes et de Français, ou naturalisés Français.

Les régiments de cavalerie légère d'Afrique se recruteront aussi par la voie des engagements volontaires On n'y admettra que des Français ou des étrangers européens qui auront contracté l'engagement d'y servir pendant *quatre ans effectifs* au moins ; les postulants militaires ou autres y seront admis d'après les mêmes règles indiquées pour l'admission des fantassins.

Il en sera de même pour l'exemption d'impôts des indigènes servant dans les escadrons de spahis. Quant aux congés annuels, il n'en sera accordé qu'à ceux qui se seront montés et armés à leurs frais, ou qui fourniront caution valable de représenter, à leur rentrée au corps, le cheval et les armes que l'État leur aurait fournis. Ceux qui se seraient montés et armés à leurs frais recevraient, en outre de la solde ordinaire, une prime déterminée, payable tous les mois. Les spahis en congé ne recevront chez eux que l'indemnité ordinaire affectée à l'entretien des armes et des chevaux des *spahis irréguliers* composant la force armée mobile dans les outhans.

Il sera de même accordé aux cavaliers français ou européens qui, à l'expiration de leur engagement, voudront s'établir en Afrique, des concessions de terres affranchies d'impôt foncier, ou des exemptions de droit de patente pour un nombre d'années égal à celui des années de leur service effectif sous les étendards.

Les autres avantages d'une solde supérieure à celle des tarifs ordinaires, ainsi que ceux relatifs à l'avancement, leur seront communs avec les militaires des régiments spéciaux d'infanterie.